算数科授業サ

みんなでできる！ 超盛り上がる！

算数 パズル・ゲーム 60

松浦 敏之 著

・1〜6年の授業で使えるおもしろ教材を収録！
・児童用ワークシートはコピーして使える！

明治図書

はじめに

　今，この本を手にとってくださっているあなたは，きっと今のご自身の算数の授業に何か足りないものを感じられているのではないでしょうか。

　学級の中に，これから学ぶ内容については既知のことで，授業はそれを確認していくだけの時間になっていて，何の学びも与えられていない児童が思い浮かべられることでしょう。授業の中で児童全員に「えー！」「なるほど！」という驚きや，算数の楽しさを与えるには，教科書で教えるべき内容から一歩踏み出す必要があります。

　私はもともと中学校の数学教師でしたが，数年前，小学校長の辞令が下り，初めて小学校で過ごしました。そんな中で，長期休業中の校長からの自由課題として算数パズルを出したり，時には授業にも自作の算数ゲームで参加させてもらったりしました。
　課題の感想で児童から「難しかったけど楽しかった！」とか，「お父さんと一緒に考えました」などの感想がかえってきたり，算数ゲームの授業で学級全体が盛り上がっている様子を見たりする中で，算数パズル・ゲームのもつ魅力とその効果に確信をもちました。

　本書には，ちょっと悩ましいけれど，児童が自分から考えてやってみたくなる，算数が得意・苦手に関係なく全員が参加できて，超盛り上がる算数パズル・ゲームが満載です。
　きっと児童の気持ちを学びに向ける導火線になるはずです。

　さあ，『感動のある算数の時間』を始めましょう。

松浦　敏之

本書の使い方

●本書について

○本書は，授業で使うことのできる算数パズル・ゲームを1〜6年の各学年10問ずつ計60問掲載しています。

○それぞれの問題は，「児童用ワークシート」1ページ（左ページ）と「答え・解説」1ページ（右ページ）で構成しています。

●問題について

○問題の学年や単元名については，平成27年度版「わくわく算数」（啓林館）の単元名を使用していますが，指導上の目安としてつけている程度ですので，その学年以降であれば，いずれの学年でも使用できます。

○それぞれの問題の「児童用ワークシート」は，複写して児童に配布することを念頭に，当該学年までで学習する漢字を使用しています。

●答え・解説について

○「答え・解説」は，先生方が読まれることを念頭に記載しています。また，1ページという制限の中での記載であり，丁寧な説明となっていない問題もありますが，ご理解ください。

●使用方法について

○問題の「児童用ワークシート」をA4などに拡大複写し児童に配布するなどして，授業用教材や自由課題などとしてお使いください。

Contents

01 すうじパズル (1)

めあて かみをおって，おなじかずをそろえよう。

もんだい

おりがみをおって，下のようにおもてとうらに，かずをかいて，てんせんのところに，きれ目を入れます。

おもて

1	1	7	5
8	8	7	6
7	7	8	8
1	1	6	5

うら

2	3	4	2
2	3	4	2
3	4	5	6
3	4	5	6

下のように，おりたたんで，おなじかずを4つそろえてください。かずのむきは，そろっていなくてもかまいません。

1から8までぜんぶできます。

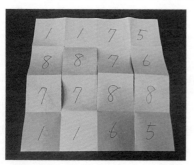 

答え・解説

このパズルは，ボーイスカウトのキャンプなどで行われたりするゲームです。ここでは，「8」の折り方だけ紹介します。

①  ②

③  ④

活動の流れ

① 児童に折り紙を1枚ずつ配って，指示のとおり数字を書き入れさせ，点線部分をはさみ（カッター）で切らせます。

② 「1から順に4つ同じ数をそろえていくこと，また，できた人は先生や周囲の人にできたところを見せること」を指示します。

③ 状況をみて，大きな折り紙を用意して，できた児童に1から8までの折り方を紹介させます。

アレンジ方法

学年や児童の状況によって，ワークシートに最初から数字を書き入れておき，それを切り取らせて行うことも考えられます。また，1から順でなくても，「できそうな数字からやってごらん」でも構いません。

02 すうじパズル (2)

> **めあて** かみをおって，おなじかずをそろえよう。

もんだい

おりがみをおって，下のようにおもてとうらに，かずをかいて，てんせんのところに，きれ目を入れます。

おもて

5	5	1	7
1	7	8	8
3	6	5	1
3	1	5	7

うら

6	4	4	8
2	2	2	2
4	3	8	4
6	3	7	6

下のように，おりたたんで，おなじかずを4つそろえてください。かずのむきは，そろっていなくてもかまいません。

1から8までぜんぶできます。

答え・解説

　このパズルは，ボーイスカウトのキャンプなどで行われたりするゲームです。ここでは，「8」の折り方だけ紹介します。

①

②

③

④

⑤

活動の流れ

　①〜③は，前問題「すうじパズル(1)」と同じです。

アレンジ方法

　前問題「すうじパズル(1)」と同じです。

03　たして9のパズル

めあて　ぜんぶたして9になるようにしよう。

もんだい

　下の9つのしかくをきって，となりあうかずをたしたら，ぜんぶ9になるように，ならびかえてください。

	5			8			7	
6	あ	2	7	い	4	1	う	6
	1			3			4	
	8			6			5	
2	え	5	4	お	7	2	か	8
	3			1			3	
	6			8			5	
2	き	5	4	く	7	2	け	6
	1			3			1	

答え・解説

　　次は，答えの例です。和が９になっていることがわかるように，数の向き
はそのままです。

	7			4			5	
6	お	1	8	こ	3	6	あ	2
	4			7			1	
	5			2			8	
2	け	6	3	さ	5	4	く	7
	1			8			3	
	8			1			6	
2	え	5	4	い	7	2	き	5
	3			6			1	

　　上の図を回転させたものも正解です。

活動の流れ

① 「ほとんど，たして９になっていますが，『い』と『う』，『か』と『け』
　の間は，９になっていないよね。全部９にしてください。向きを変えても
　いいよ」と助言してから始めます。
② 　できた児童が多く現れ始めたら，真ん中に来る四角形を全体に教えます。

04　ばばぬき　たして10

めあて　　たすと10になるけいさんで，ゲームをしよう。

もんだい

トランプで，「ばばぬき」をしたことがありますか。
それとよくにたゲームをしてみましょう。

グループで１（エース）から９までのトランプと，ばば（ジョーカー）をぜんぶくばります。じぶんの手もとに，たして10になるトランプが２まいそろっていたら，いつでもばにすてられます。
となりの人から，１まいトランプをぬいて，手もとのトランプに入れます。そこでもそろったら，ばにすてられます。
手もとのトランプがなくなったら，アガリです。

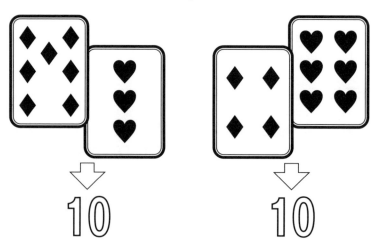

答え・解説

　1＋9，2＋8，3＋7，4＋6，5＋5という和が10になる計算を楽しみながら習得することができます。

活動の流れ

① 数人のグループにして，1〜9までの全部のカードとジョーカーを渡し，全部配ります。
② 「ばばぬき」をしたことのない児童がいるかどうか確認し，いるようであれば，少しルールを解説します。
③ グループごとにゲームを始めます。
④ 最初にあがった児童を全員の前で賞賛します。

アレンジ方法

　配るカードを1〜5にして「ばばぬき　たして6」などとすることもできます。

　1回ごとに，最初にあがったら6点，次にあがったら5点……など点をつけさせ，合計点でさらに競わせると，一生懸命，合計点を計算しようとします。

05 しんけいすいじゃく　たして10

> めあて　　たして10になるけいさんで，ゲームをしよう。

もんだい

トランプで，「しんけいすいじゃく」をしたことがありますか。
それとよくにたゲームをしてみましょう。

1（エース）から9までのトランプをぜんぶうらにしてならべます。
とるじゅんばんをきめて，じぶんのばんのときに2まいとって，たして10になるトランプが2まいそろったら，手もとにのこし，また2まいとります。そろっていなかったら，もとにもどします。
ばのトランプがなくなったときに，いちばんおおくとった人のかちです。

答え・解説

　　1＋9，2＋8，3＋7，4＋6，5＋5という，和が10になる計算を楽しみながら習得することができます。

活動の流れ

① 　数人のグループにして，1～9までの全部のカードを渡し，裏にして並べます。

② 　「しんけいすいじゃく」をしたことのない児童がいるかどうか，確認し，いるようであれば，少しルールを解説します。

③ 　グループごとにゲームを始めます。

④ 　最も多くトランプを取った児童を全員の前で賞賛します。

アレンジ方法

　　J（11），Q（12），K（13）まで入れて，「しんけいすいじゃくたして14」というゲームにもすることができます。

06 たしざん　バトル

> **めあて**　　いろいろなたしざんでゲームをしよう。

もんだい

トランプで，「せんそう」をしたことがありますか。
それとよくにたゲームをしてみましょう。

　2人ぐみになります。1（エース）から9までのトランプを1まいずつ，ひとり10まいくばります。
　どうじに，手もとから2まい出して，2まいのかずをたしたかずが，小さいときは，じぶんが出したトランプを2まいともうらがえします。これを5かいくりかえします。おなじときは，2人ともうらがえします。
　さいごに，おもてのトランプがおおい人がかちです。

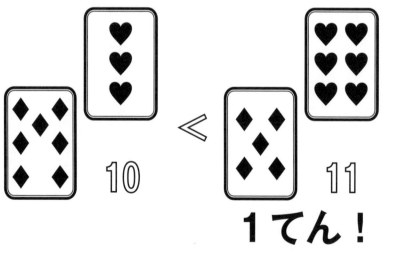

答え・解説

　10枚のトランプを2枚ずつ出し，5回勝負するので，3回勝てばよいことになります。どの数とどの数の組合せで勝とうとするか，作戦を立てることができるおもしろさがあります。

活動の流れ

①　2人組にして，1〜9までのカードを1人1枚ずつ，計10枚をそれぞれ渡します。

②　「せんそう」をしたことのない児童がいるかどうか確認し，いるようであれば，少しルールを解説します。

③　グループごとにゲームを始めます。

④　勝った児童を全員の前で賞賛します。

アレンジ方法

　2枚同時でなく，1枚ずつ出すことにすると，より作戦を考えることができるようになります。

　また，「たし算」でなく，「ひき算」ですることもできます。

07 たしたら　おなじ　さんかく（1）

めあて　　3つのかずのたしざんをして，おなじにしよう。

もんだい

　下のさんかくの○の中に，1，2，3，4，5，6を1つずつぜんぶ
入れて，どの3本のせんの上のかずをたしても，おなじかずになるよう
にしてください。

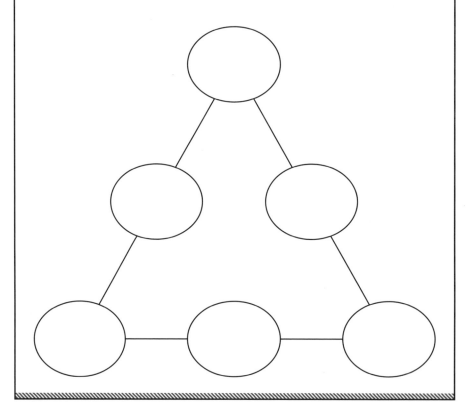

答え・解説

次は，答えの例です。

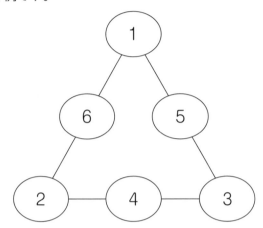

頂点に「1，2，3」を入れると，各辺の和は「3，4，5」なので，残った「4，5，6」を上記解答のように入れます。同様に，頂点に「4，5，6」を入れてもできます。

低学年で行う場合，問題の意味をしっかり説明します。

活動の流れ

① ノーヒントで取り組ませます。

② 問題の意味が理解できていない児童には個別に指導します。

③ 1つできた児童には，別の答えもあることを告げ，さらに考えさせます。

アレンジ方法

最初に題意を満たさない例を示してから取り組ませてもよいと思います。

08 たしたら　おなじ　まる

> **めあて**　　4つのかずのたしざんをして，おなじにしよう。

⌐ **もんだい**

　　下の3つの○の中にある，□の中に，1，2，3，4，5，6，7を
1つずつぜんぶ入れて，どの○の中のかずをたしても，おなじかずにな
るようにしてください。

答え・解説

次は，答えの例です。

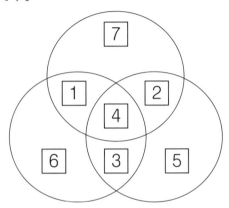

　2つの円が交わっている部分に「1，2，3」を入れ，3つの円が交わっている部分に「4」を入れると，各円の和は「7，8，9」になるので，残った「5，6，7」を上記答えのように入れます。同様に，2つの円が交わっている部分に「5，6，7」を入れてもできます。

　低学年で行う場合，問題の意味をしっかり説明します。

活動の流れ

①　ノーヒントで取り組ませます。
②　問題の意味がわかっていない児童には個別に指導します。
③　1つできた児童には，別の答えもあることを告げ，さらに考えさせます。

アレンジ方法

　最初に題意を満たさない例を示してから取り組ませてもよいと思います。

09 T字パズル

めあて　いろいろなかたちをつくろう。

もんだい

　右のかたちを4つにきって，ならびかえて，下のようないろいろなかたちをつくってください。
　うらがえしてもいいです。

答え・解説

次は，答えの例です。

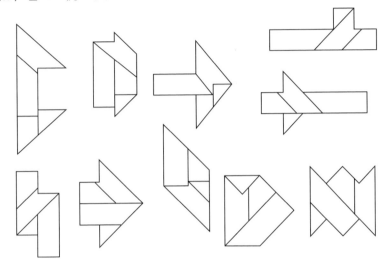

とにかく，試行錯誤させることが大切です。粘り強く取り組ませて，図形ができたら，喜びをしっかり共有してあげましょう。

活動の流れ

① 問題用紙のＴ字を切り取らせます。
② できた図形は，問題用紙の左の図に線を引かせて，配置を残させます。
③ 状況をみて，答えの例を全体の前で発表させます。

アレンジ方法

問題の左の下の図形の例を示さず自由に図形をつくらせ，できた図形を，全体に示してあげてもよいと思います。

10　タングラム

> **めあて**　　くふうしてならべて，いろいろなかたちをつくろう。

もんだい

　下のかたちを，はさみできります。それをならびかえて，いろいろな
△や□などのかたちを，つくってみましょう。

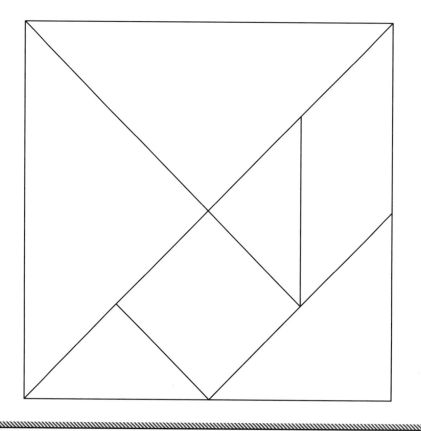

答え・解説

次は，答えの例です。

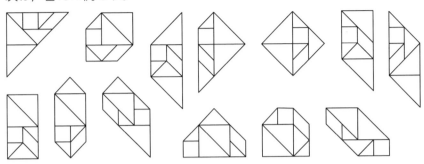

活動の流れ

① 問題用紙の図形を切らせます。

② まずは，ノーヒントで取り組ませます。

③ 状況をみて，答えの図を影絵にしたものを例示し，他にもいろいろな形になることを知らせて，さらに取り組ませます。

アレンジ方法

あらかじめ答えの図になる枠だけを用意して，できあがったら，その枠に仕切り線を入れさせて，完成したことを確認させながら進めるのもよいと思います。

11 たしたら 同じ 三角 (2)

めあて　4つの数をたして，同じにしよう。

もんだい

　下の三角の○の中に，1，2，3，4，5，6，7，8，9を1つずつぜんぶ入れて，どの3本の線の上の数をたしても，同じ数になるようにしてください。

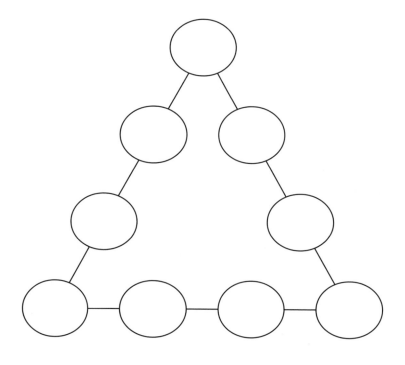

答え・解説

次は，答えの例です。

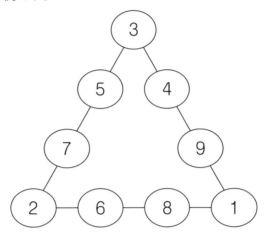

1～9までの和は45ですが，頂点に「1，2，3」を入れると，各辺の和は（45＋1＋2＋3）÷3＝17になります。したがって，残った4～9の中の2つの数の和で，12，13，14をつくればよいので，上記解答のようになります。同様に，頂点に「7，8，9」を入れてもできます。

低学年で行う場合，問題の意味をしっかり説明します。

活動の流れ

① ノーヒントで取り組ませます。
② 問題の意味がわかっていない児童には個別に指導します。
③ 1つできた児童には，別の答えもあることを告げ，さらに考えさせます。

アレンジ方法

最初に題意を満たさない例を示してから取り組ませてもよいと思います。

12 オリンピックのはたパズル

もんだい

オリンピックのはたは，下の図のように，5つの円が交わってできています。

□の中に，1，2，3，4，5，6，7，8，9を1回ずつ入れて，5つの円の中の数をたした数が，すべて同じになるようにしてください。

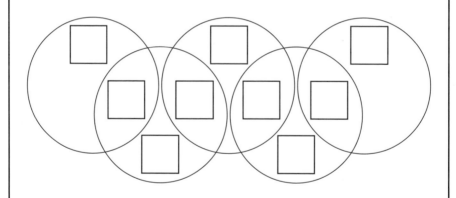

答え・解説

次は，答えの例です。

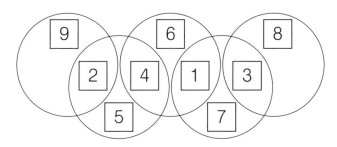

上記の例は１つの円の中の数の和が11になる場合のものですが，最小11から最大14までつくることができます。

活動の流れ

① まずは，ノーヒントで取り組ませます。
② 状況をみて，「１つの円の中の数をたしたら，『11』になると考えてやってみてごらん」と助言します。
③ 早くできた児童には，他の数でもできることを告げ，取り組ませます。

アレンジ方法

導入として，右の図の□に１〜５を入れる問題をさせてもよいと思います。

答えの例ですが，左から５，１，３，２，４が入ります。

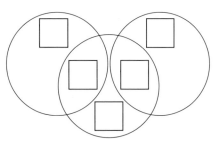

13　ブドウ算

もんだい

　右の図では，1〜3のちがう数字が1つずつ
入っていて，上のだんの2つの数字の大きい数
から小さい数をひいた数が，下のだんの数字に
なっています。同じように，図1に1〜6のち
がう数字を入れて，上のだんの2つの数字をひ
いた数が，下のだんの数字になるようにしてください。
　また，図2に1〜10のことなる数字を入れて，同じようにしてくださ
い。

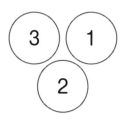

図1　　　　　　　　　　　　　　　図2

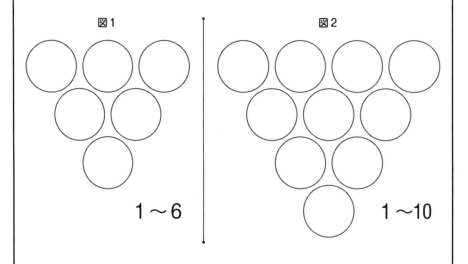

1〜6　　　　　　　　　　　　1〜10

答え・解説

次は，答えの例です。

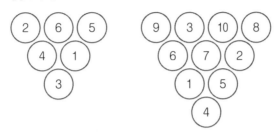

　2年生に取り組ませる場合は，試行錯誤させるしかありません。5年以上で取り組ませる場合は，「偶数」「奇数」の考えを入れて，3段の場合は最上段の偶数・奇数の配置が「偶数・偶数・奇数」または「偶数・奇数・偶数」といった並びでないと，全体で偶数3個，奇数3個とならないことを使うと考えやすくなります。なお，3段の場合，逆順を除いても18通りの答えがあり，4段の場合も同じように4通りあります。

活動の流れ

①　1～6の数字をそれぞれかいた紙のコマを（切り取らせ）用意します。
②　適当に紙の上に置きながら，題意のとおりの配置になるか考えさせます。
③　図1ができた児童には，さらに7～10のコマを渡して（切り取らせて）図2について考えさせます。

アレンジ方法

　紙のコマでなく，直接かき込ませてもできますが，何度もかいたり消したりすることになります。また，5段で1～15を入れてもできます。
　答えは，最上段が6，14，15，3，13です。

14 ひき算でゴー！

もんだい

　下の図で，いちばん大きい□の４すみに，すきな数を入れます。

　そして，４すみのとなりどうしの数で，大きい方から小さい方をひき，その答えを◇の４すみにそれぞれ入れます。次に，◇の４すみのとなりどうしの数を同じようにひいて，答えを□の４すみに……とつづけます。

　できるだけぜんぶ「０」にならないようにつづけてください。

答え・解説

次は，答えの例です。一番小さい□の次で全部「0」になります。

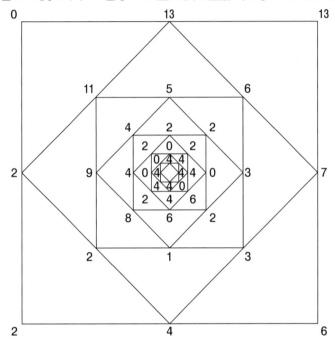

活動の流れ

① 問題文だけでは，意味がわからない児童もいるので，適当な例を教師が
示します。□は多めに用意しておきます。

② 例を参考に考えさせます。

③ 状況をみて，できるだけ長くつづけられた児童に発表させます。

アレンジ方法

あらかじめ問題用紙に例を示しておくとよいと思います。

15 たして 29

めあて　たし算をゲームで楽しもう。

もんだい

　数人のグループをつくり，トランプをぜんぶくばります。じゅんばんをきめて，1人1まいずつトランプを出していき，トランプの数字の合計をぴったり「29」にした人が，アガリです。

　絵ふだや1（エース）は，「1」とします。なお，「29」より大きい数にしかならないときは「パス」し，出すことができるトランプがあるときは，かならず出します。

　かちがきまったら，場のトランプをよけて，また，ゲームをはじめます。だれもトランプを出せなくなったら，おわりです。

答え・解説

　　中盤は１（エース）や絵札を出すなど，小さい数字のトランプを出すのも一手です。

活動の流れ

①　最大８人までのグループにして始めます。

②　最初にアガリが決まったら他のグループがあがるまで待ちます。

③　他のゲームに比べて一般的なゲームではないので，全部のグループが１回ずつあがったら，質問がないか聞き，質問に答えます。

④　数ゲーム続けます。

⑤　たくさんあがった児童を全員の前で賞賛したり，アガリの回数をお互いで確認し合わせたりします。

アレンジ方法

　　アガリになる数を変えたり，あがった人から抜けていくこともできます。

16 10ゲーム (1)

めあて　　たし算, ひき算で10をつくろう。

もんだい

　下の①〜⑧で, れいのように4つのちがった数をたしたり, ひいたりして答えが10になるようにしてください。

　数のじゅんばんは, かえてもかまいません。

れい）　1　2　3　6　　→　　3＋6＋2−1＝10

① 1　2　4　7　　→

② 1　3　5　9　　→

③ 2　4　7　9　　→

④ 2　7　8　9　　→

⑤ 3　4　5　8　　→

⑥ 3　6　7　8　　→

⑦ 4　5　7　8　　→

⑧ 5　6　8　9　　→

答え・解説

次は，答えの例です。

①	1	2	<u>4</u>	<u>7</u>	→	$4+7+1-2=10$
②	1	3	<u>5</u>	<u>9</u>	→	$5+9-1-3=10$
③	2	4	<u>7</u>	<u>9</u>	→	$7+9-2-4=10$
④	2	<u>7</u>	8	<u>9</u>	→	$7+9+2-8=10$
⑤	3	<u>4</u>	5	<u>8</u>	→	$4+8+3-5=10$
⑥	3	<u>6</u>	7	<u>8</u>	→	$6+8+3-7=10$
⑦	4	<u>5</u>	7	<u>8</u>	→	$5+8+4-7=10$
⑧	5	<u>6</u>	8	<u>9</u>	→	$6+8+5-9=10$

4つの数の中で，まずは<u>大きい2つの数の和</u>を求めて，10との差が残りの2数との加減で解消できるか考え，不可能な場合は2つの数の組合せを変えて考えていくと，スムーズに答えを導くことができます。

活動の流れ

① まずはノーヒントで取り組ませます。

② 状況をみて，ヒントとして上記解説の内容を伝えます。

③ 早くできた児童には「自分で適当な4つの数を考えて，10にできるか考えてごらん」と助言します。

アレンジ方法

早くできる児童のために，追加問題を出してもよいと思います。ただし，加減だけで10をつくるためには奇数がないまたは奇数が偶数個必要です。

17　四角形をつくろう

めあて　　線を引いて，四角形をたくさんつくろう。

もんだい

　2人組になって，ゲームをします。

　下の図のように，点をたて，よこに3つずつかきます。じゅんばんをきめて，図に線を1本ずつかき入れていきます。

　四角形ができたら，自分の「じん地（○，×）」になり，さらにもう1本線を引けます。おわったときに「じん地」が多い人が，かちです。

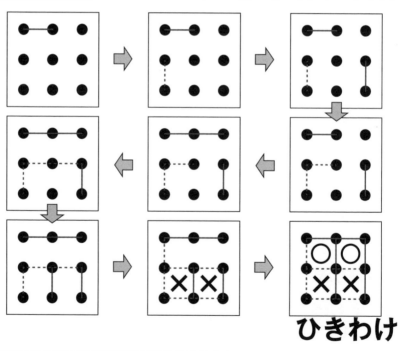

ひきわけ

答え・解説

　「ドット　アンド　ボックス」という名前で知られたゲームです。正方形
の４辺のうち，最後の１辺を自分がかけば，自分の陣地になりますので，作
戦が重要になると思います。

　四角形ができたら，続けて線がもう１本引けることを事前に児童へ指導し
ておきます。

活動の流れ

① 　問題用紙にあらかじめ点をかいておき，２人組になってゲームを行わせ
　ます。
② 　同じ児童と数回対戦したら，対戦相手を変えて行わせます。
③ 　強い児童どうしで，黒板の前で対戦させます。

アレンジ方法

　３×３でなくても，４×４，５×５など……でもできます。

18　三角形をたくさんつくろう

> **めあて**　三角形をくふうしてたくさんつくろう。

もんだい

① 下の図には，三角形が１つありますよね。この図に，２本のまっす
ぐな線をかきたして，かさならない三角形を５つ（となり合うのはよ
い）にしてください。

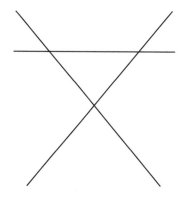

② ①ができた人は，①でできた図に，さらに２本のまっすぐな線をか
きたして，かさならない三角形を11こ（となり合うのはよい）にして
ください。線は，どこまでのばしてもかまいません。

答え・解説

① 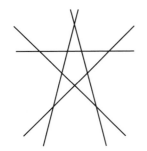　②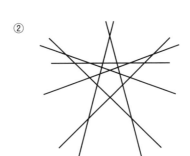

　①については，星形（五芒星）をつくることで解答の条件を満たす図をつくることができます。②についても，①でできた星形の中にさらに星形をつくることで，解答の条件を満たす図をつくることができます。

活動の流れ

① 　まずは，ノーヒントで取り組ませます。
② 　状況をみて，右の図をかいたうえで，「このように線をかきたすと，三角形は2つできます。でも，この図にもう1本どんな直線をかきたしても三角形は5つできません。ということは……」などと，ヒントを出します。

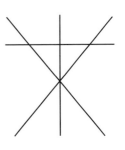

③ 　問題②についても状況をみて，「①の完成図の中に，さらに星形をつくると三角形を11個にすることができるよ」と，ヒントを出します。

アレンジ方法

　グループ席にして，グループで取り組ませることもできます。

19 おれてむすんで

> **めあて**　できるだけ線をおらないで，点と点をむすぼう。

もんだい

---

① 下の9つの点を1本のまっすぐな線をおって，むすんでください。
ただし，おれていいのは3回だけです。

② 下の16この点を1本のまっすぐな線を，おってむすんでください。
ただし，おれていいのは5回だけです。

答え・解説

次は，答えの例です。

「点の上で折れる」という先入観を排除しないとできません。

①

②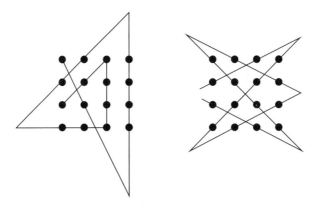

活動の流れ

① まずはノーヒントで取り組ませます。

② 状況をみて，ヒントとして上記解説の内容を伝えます。

アレンジ方法

②は特に難しいので，自由課題にしてもよいと思います。

20 つぎに来るのは？

めあて　図がかわっていくルールを見つけよう。

もんだい

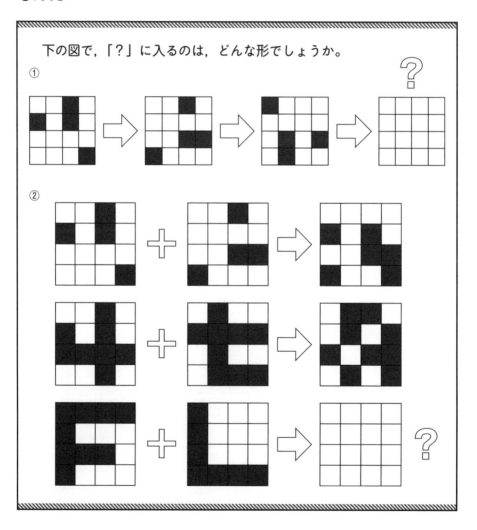

下の図で，「?」に入るのは，どんな形でしょうか。

答え・解説

① 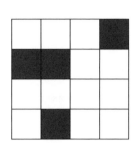　②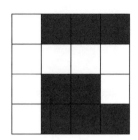

①は，右方向に90°ずつ回転しています。

②は，それぞれ同じ位置のマス目が，下の規則で変わっています。

　　白＋白＝白

　　白＋黒＝黒

　　黒＋白＝黒

　　黒＋黒＝白

活動の流れ

①　まずはノーヒントで取り組ませます。

②　それぞれの問題で，ヒントとして同じ規則の類題を出します。

③　類題の答えがわかった児童に，その答えを書かせます。

アレンジ方法

　　他の規則を考えて，問題を出してみてください。

21 計算トランプ　ドボン

> めあて　　トランプゲームで楽しく計算しよう。

問題

J，Q，K，ジョーカーを外したトランプを1組用意します。

2〜4人になって，1人5まいずつくばります。

場にのこったトランプの一番上をめくって，そのトランプの数字と同じ数字のトランプか，計算して同じ数になる2まいのトランプをじゅん番に1回ずつすてます。わり算をするときは，あまりは考えません。

また，すてるトランプがない場合は，場から1まい取ります。

1しゅう回ったら，次のトランプをめくって，同じようにつづけます。

さいしょに手もとのトランプがなくなった人が勝ちです。

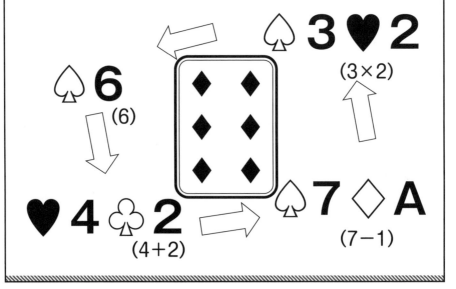

答え・解説

　　最後に１枚残すか，２枚残すか選択できる場合は，２枚残した方が次回あがることのできる確率が上がります。

　　また，児童によっては，わり算で捨てることができることに気づかないケースも多々あると思います。

　　場合によっては，誰もあがることができずに場のトランプがなくなることもありますが，その場合は「流し」として，もう一度初めから配り直して始めさせます。

活動の流れ

① 　トランプを１組用意し，Ｊ，Ｑ，Ｋ，ジョーカーを外します。２〜４人のグループにして，１人５枚ずつ配って始めます。

② 　捨てる際は「４＋２で６」というように，その計算を言わせます。

③ 　数回行った後，グループを変えて行わせます。

アレンジ方法

　　わり算が難しい場合は，「たし算，ひき算，かけ算」に限定してもよいと思いますし，わり算も「わりきれる場合だけ」の限定にしてもよいと思います。

　　また，一度に複数のセットを捨てられるようにもできますが，その場合，最初のターンであがってしまう場合も想定されます。

22 計算ファイト！

> **めあて**　トランプゲームで楽しく計算しよう。

⌐問題

　しんぱんが2人に，トランプを全部分けます。1まいずつ同時に出して，下のルールで，答えを早く言った人が，出した2まいのトランプを取ります。ただし，あまりは考えません。

- 2まいとも黒で同じマークの絵ふだのとき，　　（大きい数）＋（小さい数）
- 2まいとも赤で同じマークの絵ふだのとき，　　（大きい数）－（小さい数）
- 2まいがちがう色の絵ふだのとき，　　　　　　（大きい数）×（小さい数）
- 2まいが同じ色でちがうマークの絵ふだのとき，（大きい数）÷（小さい数）

　ひととおり出した後に，たくさんトランプを持っている人が勝ちです。

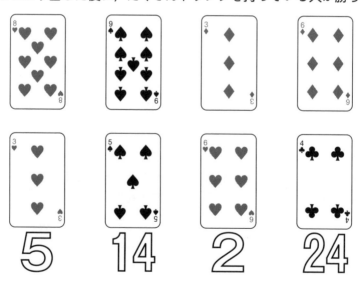

答え・解説

ルールを表にすると以下のようになります。

	ハート	ダイヤ	クローバー	スペード
ハート	－	÷	×	×
ダイヤ	÷	－	×	×
クローバー	×	×	＋	÷
スペード	×	×	÷	＋

活動の流れ

① ルールを説明します。必要に応じて，答え・解説の表などを使います。
② 3～4人組になり，2人がプレイし，1～2人が審判をして始めます。
③ 交代しながら数ゲーム行わせます。

アレンジ方法

トランプを出すタイミングに「計算ファイト！」など，審判にかけ声を言わせると盛り上がります。

難しい場合は，絵札を外したり，わり算を外したりしてできます。

わり算を外すときは，例えばルールを以下のように3つにして行います。

・2まいとも同じマークの絵ふだのとき，　　　　　　　（大きい数）＋（小さい数）
・2まいとも同じ色でちがうマークの絵ふだのとき，（大きい数）－（小さい数）
・2まいがちがう色の絵ふだのとき，　　　　　　　　　（大きい数）×（小さい数）

23 数のクロスワードパズル

めあて　すじみちを立てて考えて，式をつくろう。

問題

下の□の中に，1，2，3，4，5，6，7，8，9のことなる9この数を1回ずつ入れて（同じ数は2回使えません）式をつくってください。

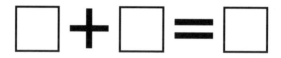

答え・解説

$\boxed{4}+\boxed{5}=\boxed{9}$　または　$\boxed{5}+\boxed{4}=\boxed{9}$

$\boxed{8}-\boxed{1}=\boxed{7}$　または　$\boxed{8}-\boxed{7}=\boxed{1}$

$\boxed{6}÷\boxed{3}=\boxed{2}$　または　$\boxed{6}÷\boxed{2}=\boxed{3}$

　　まず，わり算に注目します。同じ数は2回使えませんから，使えるのは，$8÷2=4$（$8÷4=2$）または$6÷3=2$（$6÷2=3$）の2つです。

　　$8÷2=4$を使う場合，たし算の結果は9しかなく，9になるたし算は，$3+6=9$のみ。しかし，残った数は1，5，7なので，不可。

　　$6÷3=2$を使う場合，同様に9になるたし算は$1+8$か$4+5$です。

　　$1+8=9$とすると，残った数は4，5，7なので不可。

　　$4+5=9$とすると，残った数は1，7，8で，$8-1=7$となります。

活動の流れ

①　まずは，ノーヒントで取り組ませます。

②　状況をみて，「わり算から考えてごらん」と助言します。

③　全体に教師が解説を含めて説明します。

アレンジ方法

　　次のような問題もできます。

　　「1〜12までの12個の数を1回ずつ使って，下の式を成り立たせてください。$\square+\square-\square=\square+\square-\square$　$\square×\square=\square$　$\square÷\square=\square$」

　　答えは，$11+9-8=7+6-1$，$2×5=10$，$12÷3=4$です。

24 たして15になる整数

> めあて　　できるだけかけ算の答えを大きくしよう。

問題

たして15になる整数についての問題です。

① たして15になる２つの整数をかけたとき，一番大きい答えになるのは，何と何をかけたときでしょうか。

② たして15になるいくつかの整数をかけたとき，一番大きい答えになるのは，どんな数をかけたときでしょうか。また，一番小さい答えになるのは，どんな数をかけたときでしょうか。

答え・解説

① 8 × 7 ＝56
② 最大は 3 × 3 × 3 × 3 × 3 ＝243で，最小は15× 0 ＝ 0

①では，

15× 0，14× 1，13× 2，12× 3，11× 4，10× 5，9 × 6，8 × 7

の組合せの中で最大の積となるものを探せばよいので，8 × 7 ＝56が答えに

なります。

②では，15を 2 や 3 に分けてかける組合せを考えていくと，

3 × 3 × 3 × 3 × 3 ＝243

が最大になります。

また，最小は，1 × 1 ×……× 1 ＝ 1 と考える児童も多いと思いますが，

15＋ 0 ＝15ですので，

15× 0 ＝ 0

が最小です。

活動の流れ

① まず①を 1 人で考えさせ，答え合わせをします。
② 次に②についてグループをつくらせて考えさせます。
③ 全体で，各グループの答えを発表させ，その後，教師が解説をします。

アレンジ方法

問題を解いた後に，他の数字でも考えさせることができます。

年

1けたをかけるかけ算の筆算

25 ×＋÷－すごろく

めあて　ゲームをしながら楽しく計算しよう。

問題

　下のように，0〜98までの数字の目が入ったすごろくと0〜9までの数字がかいてある10面サイコロを用意します。

　「0」の目からスタートして，

（サイコロを振って出た数字）×（すごろくでいる場所の目の数字）

の目の場所へ移動します。

　ただし，「0」の目にいるときや，かけ算のけっかが「98」をこえるときは，たし算をします（たし算でもこえるときは，わりきれたらわり算，わりきれなかったらひき算をします）。

　97か98に止まったら，ゴールです。さあ，みんなでやってみましょう！

90	91	92	93	94	95	96	97・98(ゴール)		
80	81	82	83	84	85	86	87	88	89
70	71	72	73	74	75	76	77	78	79
60	61	62	63	64	65	66	67	68	69
50	51	52	53	54	55	56	57	58	59
40	41	42	43	44	45	46	47	48	49
30	31	32	33	34	35	36	37	38	39
20	21	22	23	24	25	26	27	28	29
10	11	12	13	14	15	16	17	18	19
1		2	3	4	5	6	7	8	9
0(スタート)									

答え・解説

　計算の結果が97か98にならないとゴールできないし，「0」が出ると「×0」で計算の結果も「0」となり，スタートに戻ってしまいます。

　また，「95」は「5」で，「96」は，「3，4，6，8」でわりきれますので，大きく後退することもあります。そんなときの方が盛り上がると思います。

　わりきれるかどうかもゲームであれば，楽しく考えると思います。

活動の流れ

①　問題用紙を拡大して，より大きめの盤（できればＡ３サイズ）を用意します。数人のグループにさせて，一人に１つコマ（消しゴムなど）を用意させ，順番が決まったら始めさせます。

②　先にゴールした児童には，もう一度スタートから始めてもよいことを伝えます。

③　状況をみて，全員の前で早くゴールした児童を賞賛します。

アレンジ方法

　いくつかのマス目に，下のような指示を入れて，そのマス目に止まったときは，その指示にしたがうようにすると盛り上がります。

・出た目の数でわり算をする。わりきれないときはひき算をする。
　（「24」「36」「48」「56」「72」などの目が適当）

・出た目の数の２倍で計算する（4が出たら，8と考えるなど）。
　10面サイコロの代わりに，トランプのＡ～10を使ってもできます。
　（「10」は「0」と考える）

26 消えた20円

> **めあて**　すじみちを立てて, かんけいを考えよう。

問題

友だち３人でおやつを買ったら, 全部で300円でした。
そこで, １人100円ずつ出しました。
しかし, 実は店員のまちがいで, 本当の代金は260円でした。

店員は40円を返そうとしましたが, ３人には分けられないので, それぞれ10円ずつもらい, のこった10円は, 店員にあげました。

３人はこれで90円ずつ, 合計270円はらったことになりますが, 店員の10円を入れても, 280円にしかなりません。
さて, 20円はどこへ消えたのでしょうか。

答え・解説

お金はどこにも消えていません。

払ったお金270円＝代金260円＋店員の10円と同じになりますが，

「払ったお金270円＋店員の10円」の計算には意味はなく，

「払ったお金270円－店員の10円＝代金260円」です。

活動の流れ

①　まずは，1人で考えさせます。

②　グループをつくらせて，グループごとに考えをまとめさせます。

③　グループごとに，それぞれの考えを発表させます。

アレンジ方法

　グループごとに考えがまとまらない場合は，「払ったお金270円と店員の10円との本当の関係はどうなのかな？」とヒントを出してあげます。

27 めぐる数

めあて □の中に入る数を求めよう。

問題

① 下の文の□には，それぞれ一ケタの数字が入るとき，下の文が正しくなるようにします。それぞれの□に入る数字をそれぞれ求めてください。

> この文の中には，
>
> 1が□こ，2が□こ，3が□こ，4が□こある。

② 下の文の□には，それぞれ一ケタの数字が入るとき，下の文が正しくなるようにします。それぞれの□に入る数字をそれぞれ求めてください。

> この文の中には，1が□こ，2が□こ，
>
> 3が□こ，4が□こ，5が□こ，6が□こ，
>
> 7が□こ，8が□こ，9が□こある。

答え・解説

① 左から　2，3，2，1　または　3，1，3，1
② 前から　6，3，2，1，1，2，1，1，1

①では，最初の□の中に入る数は，1，2，3，4のいずれかであり，順に可能か考えていくと答えが出てきます。

②は，終わりの3つの□が2〜9になる可能性をまず考えますが，例えば，「7が2個」と考えると「1が7個」となり，他の□はすべて1になりますが，「2が2個」あるはずなので不可能だとわかります。したがって，終わりの3つの□の中はすべて1です。

次に，「6が2個」と考えると，「1が6個」となり，2，3以外が1とわかり，「2が3個，3が2個」でつじつまが合います。

活動の流れ

① まずはノーヒントで取り組ませます。
② 状況をみて，上記解説の内容を説明し，ヒントとします。
③ できた児童に全体の前で，どう考えて答えを見つけたか発表させます。

アレンジ方法

「この文の中には，0が□個，1が□個，2が□個，3が□個，4が□個，5が□個，6が□個，7が□個，8が□個，9が□個ある」などの問題も考えられます。

答えは，1が7個，2が3個，3が2個，7が2個，他1個です。

28　数えぼうを動かそう

> **めあて**　ぼうを動かして考えよう。

⌐問題

2色の数えぼう（ストロー，マッチぼうの上下などでもよい）を4本ずつ，図1のように，わくの中において，となり合った2本をその向きとじゅん番のまま，空いた場所に動かして，図2のようにします。

できるだけ少ない回数で動かしてください。

図1

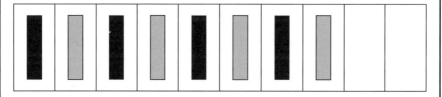

↓

図2

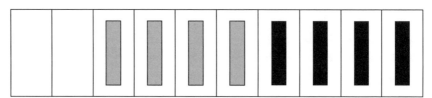

答え・解説

4回

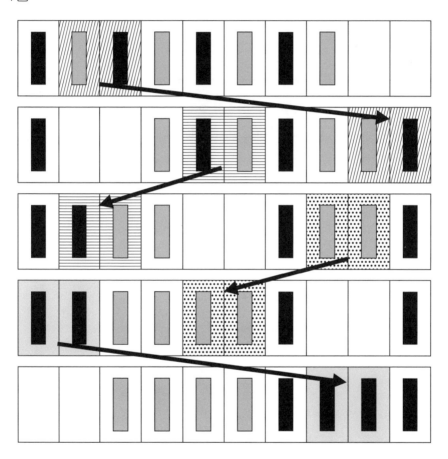

活動の流れ・アレンジ方法

　数え棒が置けるワークシートを用意して，行わせます。また，2色の数え棒3本ずつで枠を8つにして動かす問題でもできます。

29 数えぼうで正三角形を

> **めあて**　正三角形をくふうしてつくっていこう。

問題

数えぼう12本で，まず正三角形を6つつくってください。

そのあと，2本ずつ動かして，正三角形を5つ，4つ，3つ，2つと少なくしていってください。

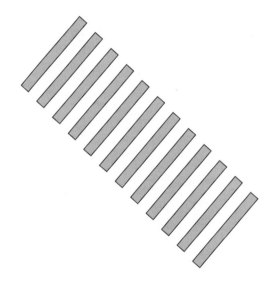

答え・解説

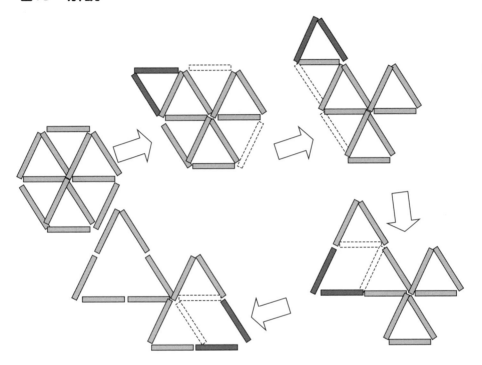

活動の流れ

① 数え棒を12本用意し，まずは正三角形を6個つくることを考えさせます。

② できた児童の図を全体の前で紹介させます。

③ その図をスタートとして，他の図を考えさせ，それぞれの完成図を問題用紙にかいて残させます。

アレンジ方法

数え棒でなくてもマッチ棒，ストローなどでもできます。

30　コンパスでお絵かき

> めあて　コンパスを使って，いろいろな形をかこう。

問題

コンパスを使って，下のような絵をかいてください。
また，自分でデザインを考えて，絵をかいてみましょう。

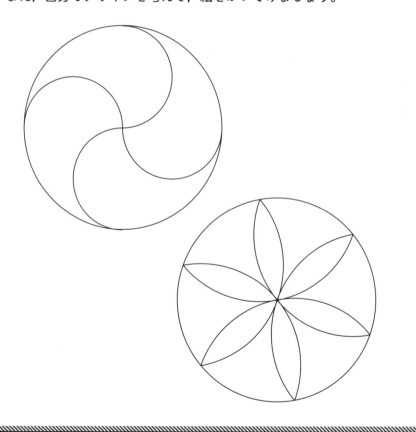

答え・解説

　上の図では，円に互いに垂直になる2本の直径を描き入れ，円の内部にできた4つの半径部分を直径とした半円を描き，最初に描いた直径を消すとできます。

　下の図では，円周を円の半径で区切っていくと円周を6等分できます。その6等分点を中心として円の内部に弧を描いていくとできます。

活動の流れ

①　問題の絵を，定規とコンパスを使って再現させます。

②　描き方の要点を児童に説明させます。

③　定規とコンパスを使って各自でいろいろな絵を描かせ，教材提示装置やプロジェクターなどを使って作品を全員の前で発表させます。

アレンジ方法

　時間があれば，色を塗らせて，作品として学級掲示にしてもよいと思います。

31　○○年をつくる計算

めあて　1〜9までの数字を使った計算で，今の年号をつくろう。

問題

> 下の文が正しくなるように，数と数の間に，「＋，－，×，÷，（　）」など必要なものをかき入れてください。1と2で，「12」と考えるなどしてもかまいませんが，数の順番は変えられません。
>
> ① 今年は，令和　1　2　3　4　5　6　7　8　9　年です。
>
> ② 今年は，西れき　9　8　7　6　5　4　3　2　1　年です。

答え・解説

　令和２年，西暦2020年の場合，

①　令和　$1 \times 2 + 3 - 4 + 5 + 6 + 7 - 8 - 9 = 2$年

②　西暦　$9 + (8 \times 7 \times 6 - 5 + 4) \times 3 \times 2 + 1 = 2020$年

　小町算の変形問題です。①は試行錯誤でできますが，１～９までの和は45と奇数で，これは単純に加減だけの計算では答えを偶数である２にできません。そこで，1×2により総和を44と偶数にします。あとは答えを２にするためにひき算を $(44 - 2) \div 2 = 21$だけ入れればよく，上記解答のように「４，８，９」をひき算にすると考えると理論的に導くことができます。②については，2020に近い値を工夫してつくることが大切です。上記解答は，$335 \times 6 (= 3 \times 2) = 2010$であることを利用しています。

活動の流れ

①　まずはノーヒントで取り組ませます。

②　状況をみて，ヒントとして上記解説の内容を伝えます。

③　早くできた児童には「数の順番を逆にしてできるか考えてごらん」と助言します。

アレンジ方法

　素直に，純粋な小町算（１～９の数の順で100をつくる）をさせてから取り組んでみるのもよいと思います。その際は，小町算の由来などにもふれてみてはいかがでしょうか。

　また，家族と一緒に考えてもよい課題にすると，家庭内で親子の会話が促進されるかもしれません。

32 10ゲーム (2)

> めあて　　×，÷，＋，－，（ ）の計算で10をつくろう。

問題

　　①～⑧で，例のように４つのことなった数に×，÷，＋，－，（ ）などの計算をして，答えが10になるようにしてください。

　　数の順番は変えてもかまいません。

例)　　1　2　3　5　　　→　　　3＋5＋2×1＝10

①　1　2　4　6　　　→

②　1　3　5　8　　　→

③　2　5　7　9　　　→

④　2　6　8　9　　　→

⑤　3　4　7　8　　　→

⑥　3　6　7　9　　　→

⑦　4　5　6　8　　　→

⑧　5　7　8　9　　　→

答え・解説

次は，答えの例です。

① 1 2 4 6 → $(4+6) \times (2-1) = 10$

② 1 3 5 8 → $5+8-1 \times 3 = 10$

③ 2 5 7 9 → $2 \times 7+5-9 = 10$

④ 2 6 8 9 → $9 \times 8 \div 6-2 = 10$

⑤ 3 4 7 8 → $8 \times (3-7 \div 4) = 10$

⑥ 3 6 7 9 → $6+7-9 \div 3 = 10$

⑦ 4 5 6 8 → $8+(4+6) \div 5 = 10$

⑧ 5 7 8 9 → $5 \times (7+9) \div 8 = 10$

試行錯誤でもできますが，４つの数の中で２つの数の和と残りの２数との計算で解消できるか，10×1，5×2の形にできるかなどを考えていくと，わりとスムーズに答えを導くことができます。⑤は難問です。

活動の流れ

① まずはノーヒントで取り組ませます。

② 状況をみて，ヒントとして上記解説の内容を伝えます。

アレンジ方法

早くできた児童に「１〜９までのどんな４つの異なる数を考えても10をつくることができます。自分で適当な４つの数を考えて，10にできるか考えてごらん」と助言してもよいと思います。

33　4つの4で計算しよう

> **めあて**　＋－×÷（　）の計算で，いろいろな数をつくろう。

問題

　4を4つと＋，－，×，÷，（　）などを使って，その答えが0〜10になる式をつくってください。

　なお，4を2つ使って「44」と考えてもかまいません。

$$4\square4\square4\square4 \ = \ 0$$
$$4\square4\square4\square4 \ = \ 1$$
$$4\square4\square4\square4 \ = \ 2$$
$$4\square4\square4\square4 \ = \ 3$$
$$4\square4\square4\square4 \ = \ 4$$
$$4\square4\square4\square4 \ = \ 5$$
$$4\square4\square4\square4 \ = \ 6$$
$$4\square4\square4\square4 \ = \ 7$$
$$4\square4\square4\square4 \ = \ 8$$
$$4\square4\square4\square4 \ = \ 9$$
$$4\square4\square4\square4 \ = \ 10$$

答え・解説

次は，答えの例です。

$$4 + 4 - 4 - 4 = 0$$
$$4 \times 4 \div 4 \div 4 = 1$$
$$4 \div 4 + 4 \div 4 = 2$$
$$(4 + 4 + 4) \div 4 = 3$$
$$(4 - 4) \times 4 + 4 = 4$$
$$(4 \times 4 + 4) \div 4 = 5$$
$$(4 + 4) \div 4 + 4 = 6$$
$$4 + 4 - 4 \div 4 = 7$$
$$4 \times 4 - 4 - 4 = 8$$
$$4 + 4 + 4 \div 4 = 9$$
$$(44 - 4) \div 4 = 10$$

できたと思った児童でも，計算の順序や（ ）の使い方が間違っていることがあります。ていねいに机間指導を行ってください。また，上記以外にも正解となる式はたくさんあります。

活動の流れ

① まずは，ノーヒントで取り組ませます。
② 状況をみて，隣の児童と見せ合わせるなどして，参考にさせます。
③ 児童にできるだけ多くの正答となる式を書かせます。

アレンジ方法

「11以上でも，できる数があるよ」と勧めることができます。

34 ふしぎな計算

めあて 計算のルールを見つけよう。

問題

下の計算「☆」と「★」は，それぞれ同じルールで計算しています。
□の中に入る数は何でしょうか。

4 ☆ 1 = 15　　4 ★ 1 = 27

3 ☆ 2 = 5　　3 ★ 2 = 9

5 ☆ 2 = 21　　5 ★ 2 = 27

6 ☆ 4 = 20　　6 ★ 4 = 18

8 ☆ 4 = □　　8 ★ 4 = □

答え・解説

答えは48，36です。

$4 ☆ 1 = (4 + 1) × (4 - 1) = 15$
$3 ☆ 2 = (3 + 2) × (3 - 2) = 5$
$5 ☆ 2 = (5 + 2) × (5 - 2) = 21$
$6 ☆ 4 = (6 + 4) × (6 - 4) = 20$
$8 ☆ 4 = (8 + 4) × (8 - 4) = 48$

$4 ★ 1 = 41 - 14 = 27$
$3 ★ 2 = 32 - 23 = 9$
$5 ★ 2 = 52 - 25 = 27$
$6 ★ 4 = 64 - 46 = 18$
$8 ★ 4 = 84 - 48 = 36$

活動の流れ

① 問題を見せて，一人で考えさせます。
② ルールを見つけた児童がいたら，「5☆3」や「5★3」など，別の数の式を示して答えを言わせます。
③ 状況をみて，ルールを見つけた児童に計算のルールを全体の前で発表させます。

アレンジ方法

別の数の例を出し，まだ答えのわかっていない児童に言わせてもよいと思います。

35 折り紙で正方形をつくろう

> **めあて**　折り紙の折り方を工夫して，いろいろな面積の正方形をつくろう。

問題

折り紙を折って，もとの折り紙の $\dfrac{1}{2}$ の面積の正方形をつくってください。それができたら，もとの折り紙の $\dfrac{1}{5}$ の面積の正方形をつくってください。

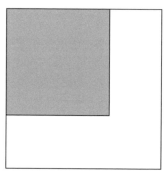

答え・解説

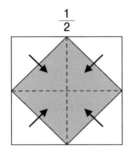

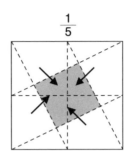

$\dfrac{1}{2}$ の面積の正方形は，もとの折り紙が直角三角形８つ分，できた正方形が４つ分となり，面積が $\dfrac{1}{2}$ となります。$\dfrac{1}{5}$ の面積の正方形は，折り紙を点線で切り貼りすると，もとの折り紙が色をつけた正方形５つ分でできていることがわかり，色をつけた正方形の面積は $\dfrac{1}{5}$ となります。

活動の流れ

①　折り紙を配って，まずはノーヒントで取り組ませます。

②　状況をみて，$\dfrac{1}{2}$ の問題ができた児童に折り方とその理由を発表させます。

③　「$\dfrac{1}{5}$ の問題については，$\dfrac{1}{2}$ で折った折り目を利用していろいろ折ってみよう。それで正方形ができたら何分の一か考えてみてごらん」と助言します。

アレンジ方法

他にも，$\dfrac{1}{4}$，$\dfrac{1}{16}$，$\dfrac{9}{16}$，$\dfrac{5}{8}$ などの面積になる正方形をつくらせることもできます。

36 正方形と長方形に分けよう

> めあて　面積から，正方形と長方形のたてと横の長さを考えよう。

問題

　下の図で，左の８×８マスの正方形は，マス目の中に入っている数字の面積になる正方形や長方形に分かれています。

　右の図も同じように，その数字の面積になる正方形や長方形に分けてください。

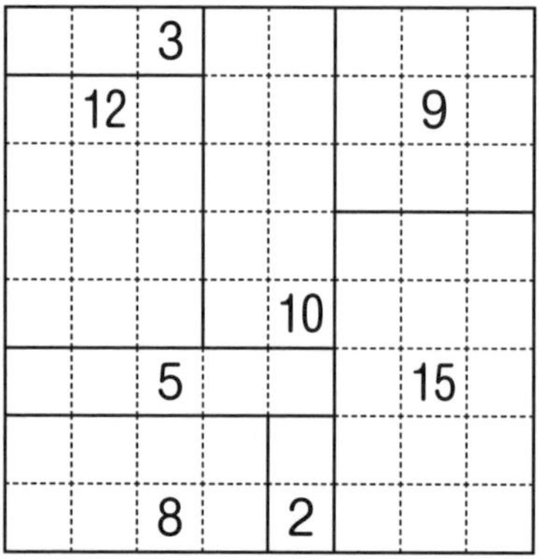

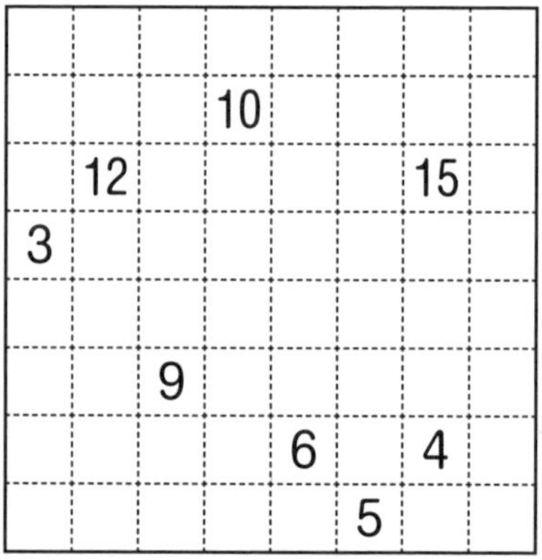

答え・解説

```
      ┌──────┬──────┬──────┬──────┬──────┐
      │      │      │      │      │      │
      ├──────┼──────┼──────┤      │      │
      │      │      │  10  │      │      │
      ├──────┼──────┼──────┼──────┼──────┤
      │      │  12  │      │      │  15  │
      ├──────┼──────┼──────┤      │      │
      │  3   │      │      │      │      │
      ├──────┼──────┴──────┼──────┼──────┤
      │      │      9       │      │      │
      ├──────┼──────┼──────┼──────┼──────┤
      │      │      │  6   │      │  4   │
      ├──────┼──────┼──────┼──────┤      │
      │      │      │      │  5   │      │
      └──────┴──────┴──────┴──────┴──────┘
```

　まず，「15」が，たて5マス×横3マスの長方形しかなく，場所も決まります。次に「4」が，たて2マス×横2マスの正方形しかなく，場所も決まります。このようにして，あとは次々に場所が決まっていきます。

活動の流れ

①　まずは，一人で考えさせます。

② 　状況をみて，「15」の面積に注目するとできることをヒントとして告げます。

③ 　早くできた児童に，全体の前で見つけ方を説明させます。

アレンジ方法

　同じマス目を複数枚用意して，自分で問題を考え，他の児童に考えさせることができます。ただし，つくる問題によっては唯一解にならないことを告げます。

37 面積がふえる正方形

めあて　　どこがおかしいのか，じっくり考えよう。

問題

左下の正方形の面積は，たて8×横8で，面積は64ですよね。

この正方形を切って並びかえて長方形にすると，右下の図のように，たて5×横13となり，面積は5×13＝65となり，面積がふえています。なぜでしょうか。

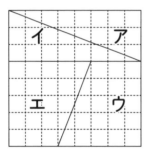
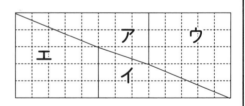

答え・解説

　面積は増えていません。本当は下の図のようになり，長方形の内側に隙間ができます。この隙間部分の面積が増えた１です。

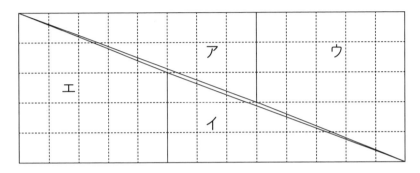

　問題の図をよくみると，右図のアやイは三角形ではなく，四角形になっています。「アは，三角形だ」という先入観があると，いつまでも面積が増えるマジックを解くことはできません。

活動の流れ

① 　問題を提示して，一人で考えさせます。
② 　状況をみて，「プリントの図を切ってみてもよいよ」とアドバイスします。
③ 　答えがわかった児童に，全員の前で説明させます。

アレンジ方法

　インターネットで「フィボナッチ数列　面積１」で検索すると他にも類似の問題が出てくると思いますので，探してみてください。

38　平行四辺形はいくつある？

問題

下の図の中に，平行四辺形はいくつあるでしょうか。
全部数えてください。

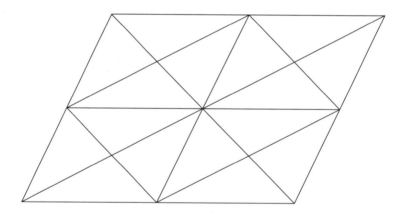

答え・解説

答えは，18個です。

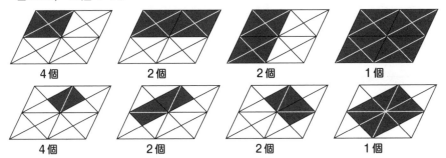

4個	2個	2個	1個
4個	2個	2個	1個

活動の流れ

① まずは，一人で考えさせます。

② 状況をみて，全体の前で平行四辺形がいくつあるか児童に問います。

③ 一番多く見つけた児童に全体の前で発表させ，数を確認します。

アレンジ方法

正三角形状のパズル（3段）を使って，「正三角形はいくつあるでしょう」や，長方形状のパズル（縦2×横3）を使って，「長方形はいくつあるでしょう」などの問題を出すことができます。

39　何ができるかな

めあて　てき当にかいた図形を切ってできる形を考えよう。

問題

　下の図のように，てき当な四角形をかきます。次に，各辺の真ん中に点をとり，その点を結びます。その線にそって四角形を図のように4つのパーツに切り分けます。この4つのパーツを同じ長さの辺が重なるように合わせていくと，どんな図形ができるでしょうか。

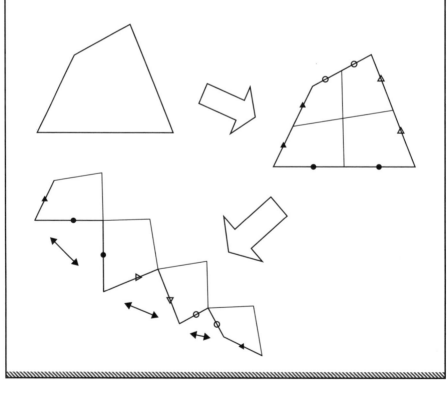

答え・解説

平行四辺形になります。

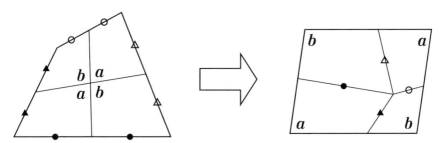

　上の図のとおりですが，正確には「平行四辺形になる条件」を説明する必要があります。「向かい合う辺同士が平行になっているよね」程度の説明でよいと思います。

活動の流れ

　まずできあがる形を予想させます。その後に，ノートに問題のとおり図をかかせ，切り取らせて考えさせます。

　また，問題用紙に，あらかじめ適当な四角形をかいておくと，全員が同じ図形で考えられると思います。

アレンジ方法

　「適当にかいた四角形を4つのパーツに切り分けて，それを貼り合わせて，長方形をつくる方法を考えてください」という発展問題も考えられます。解答は右のとおりです。

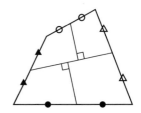

40 表もうらもない帯

問題

短ざくを1回ひねって，はしをはりつけると，表もうらもない帯になります。この帯をつくってください。

① この帯の真ん中を切っていくと，どうなるでしょうか。

② 最初につくった帯を，真ん中ではなく，$\frac{1}{3}$ のところで切っていくとどうなるでしょうか。

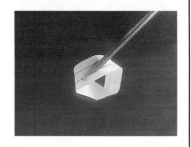

答え・解説

①

②

　有名な「メビウスの帯」です。①では，2回ひねりの帯ができあがります。また，②では，2回ひねりの帯と1回ひねりの帯とが輪っかになります。

活動の流れ

①　短冊を児童に渡し「メビウスの帯」をつくらせます。
②　帯を切る前に，児童に結果を予想させ，全体の前で発表させます。
③　実際に帯を切らせて，その結果を全体の前で発表させます。

アレンジ方法

　①で，「できあがった帯をさらに真ん中を切っていくと，どうなるでしょうか」という問題も考えさせることができます。

4
年

41 美しい計算

めあて　　計算の美しさを感じよう。

問題

電卓を使って，次の計算をしてみてください。
きっと美しい結果になると思います。

① 1.2345679× 9＝
1.2345679×18＝
1.2345679×27＝
1.2345679×36＝

② 11×11＝
111×111＝
1111×1111＝

③ 1.42857×2＝
1.42857×3＝
1.42857×4＝
1.42857×5＝

④ 1×9＋2＝
12×9＋3＝
123×9＋4＝
1234×9＋5＝

答え・解説

① $1.2345679 \times \ 9 = 11.111111$

    $1.2345679 \times 18 = 22.222222$

    $1.2345679 \times 27 = 33.333333$

    $1.2345679 \times 36 = 44.444444$

② $11 \times 11 = 121$

       $111 \times 111 = 12321$

   $1111 \times 1111 = 1234321$

③ $1.42857 \times \ \ 2 = 2.85714$

    $1.42857 \times \ \ 3 = 4.28571$

    $1.42857 \times \ \ 4 = 5.71428$

    $1.42857 \times \ \ 5 = 7.14285$

④ $1 \times 9 + 2 = 11$

       $12 \times 9 + 3 = 111$

    $123 \times 9 + 4 = 1111$

  $1234 \times 9 + 5 = 11111$

活動の流れ

① 全員に電卓を渡して，計算させます。

② 「1.2345679×45」など，それぞれの計算の続きを予想させます。その後，実際に計算させます。

③ 全体の前で発表させます。

アレンジ方法

インターネットで「不思議　計算　算数」などと検索してみてください。

42 25ゲーム

> めあて　　ゲームの必勝法を考えよう。

問題

　2人組になって，1〜25まで順番に数字を交代で言っていきます。
　一人が言える数字は3つまでで，パスはできません。
　例えば，下図のように，最初の人が「1，2」と言ったら，次の人が「3」，次に「4，5，6」と言ったら，次に「7，8」……などと交代で言っていき，最後に25を言った人が負けです。
　では，やってみましょう。

1，2，3，4，5，6，7，8，9，10，…

…，21，22，23，24，25

答え・解説

　このゲームは，後から言う人が最後の数が４の倍数になるように言ってい
くと必ず勝つことができます。

　先に言う人は最初に３までしか言えないので，４の倍数は言えません。

　後から言う人が常に４の倍数で終わるように言っていくと，最後は「24」
を言うことができ，先に言う人が「25」を言わなくてはならなくなります。

活動の流れ

① 　まずは，２人組になって，言う順番を交互に変えさせながら何度か行わ
　　せます。

② 　状況をみて，「このゲームは後から言う人が必ず勝てます。必勝法を考
　　えてみてごらん」と助言し，ゲームを続けさせます。

③ 　必勝法を見つけた児童を前に出し，教師が先に言い始めて，必勝法を確
　　認します。

アレンジ方法

　負けになる数や一度に言える数のルールを変えて，後攻が必ず負けるゲー
ムを児童に考えさせると，より深まると思います。

43　どんな数でもわりきれるマジック

> めあて　　ふしぎな計算の結果について考えよう。

問題

　3ケタの数が，7や11，13でわりきれることは，かなりめずらしいですよね。

　ではこれから，あなたがどんな適当な3ケタの数を思いうかべても，ある操作を加えると，その数が必ず7でも11でも，13でもわりきれるようになる「わり算マジック」をお見せします。

　適当な3ケタの数を思いうかべてください。

　次に，その数の後ろにその数と同じ3ケタの数をくっつけて，6ケタの数にしてください。

　例えば「123」だったら，「123123」にしてください。

　その6ケタの数を7，11，13でそれぞれわってみてください。

　なんと全部わりきれます！
　（例）123123÷7＝17589
　　　　123123÷11＝11193
　　　　123123÷13＝9471

　どうしてわりきれるのでしょうか。

答え・解説

　例えば，適当な３ケタの数を「123」とすると，その後ろに同じ数をくっつけた６ケタの数「123123」は，

123123＝123000＋123

　　　　＝123×1000＋123

　　　　＝123×1001

ここで，1001は，

1001＝7×11×13

となり，7，11，13の最小公倍数ですから，「123123」は7や11，13でわりきれます。

　文字で考えてみましょう。適当な３ケタの数を a とします。その後ろに同じ数をくっつけた６ケタの数は，$1000a + a = 1001a$ と表せます。

　ここで，1001は7，11，13の最小公倍数ですから，$1001a$ は7，11，13でわりきれます。

活動の流れ

① 　電卓を用意します。

② 　適当な３ケタの数を考えさせ，それを組合せた６ケタの数を7，11，13でわらせます。

③ 　わりきれる理由を考えさせ，児童に発表させます。

アレンジ方法

　電卓を教師だけが持って，わってみせることでもできます。

44 ルールを見つけよう

めあて　　数のならびのルールを見つけよう。

問題

下の数の列は，それぞれあるルールどおりにならんでいます。
□の中に入る数は何か見つけてください。

① 1，3，5，7，□，11，13，15，…

② 98，91，84，77，□，63，56，49，…

③ 1，2，4，8，16，□，64，128，…

④ 729，243，81，□，9，3，1，…

⑤ 1，4，9，□，25，36，49，64，81，…

⑥ 1，2，4，7，11，16，□，29，37，…

⑦ 1，1，2，3，5，8，□，21，34，55，…

⑧ 1，2，2，4，8，□，256，8192，…

⑨ $\dfrac{2}{3}$，$\dfrac{4}{5}$，$\dfrac{2}{3}$，$\dfrac{8}{15}$，□，$\dfrac{4}{11}$，$\dfrac{14}{45}$，…

⑩ 1，11，12，1121，1321，□，132231，…

答え・解説

① 1，3，5，7，9，11，13，15，…奇数

② 98，91，84，77，70，63，56，49，…7をひく

③ 1，2，4，8，16，32，64，128，…2をかける

④ 729，243，81，27，9，3，1，…3でわる

⑤ 1，4，9，16，25，36，49，64，81，…同じ数の積

⑥ 1，2，4，7，11，16，22，29，37，…差が1増える

⑦ 1，1，2，3，5，8，13，21，34，55，…前の2数の和

⑧ 1，2，2，4，8，32，256，8192，…前の2数の積

⑨ $\dfrac{2}{3}$，$\dfrac{4}{5}$，$\dfrac{2}{3}$，$\dfrac{8}{15}$，$\boxed{\dfrac{10}{23}}$，$\dfrac{4}{11}$，$\dfrac{14}{45}$，…

⑩ 1，11，12，1121，1321，122131，132231…

⑨は，下のように約分する前を考えます。

$\dfrac{2}{3}$，$\dfrac{4}{5}$，$\dfrac{6}{9}$，$\dfrac{8}{15}$，$\dfrac{10}{23}$，$\dfrac{12}{33}$，$\dfrac{14}{45}$，…

⑩は，前にある数字とその個数を表しており，□の中は前の数に「1が2つ，2が1つ，3が1つある」で答えのようになります。

活動の流れ

① まずはノーヒントで取り組ませます。

② 状況をみて，早くできた児童に「○番の問題で『…』のところに来る数はいくらになる？」と聞き，その答えをヒントに考えさせます。

アレンジ方法

先生自身で他に規則性のある問題を考えて出題されてはどうでしょうか。

45　マッチぼう12本でつくろう

> **めあて**　マッチぼうで，いろいろな面積の図形をつくろう。

問題

　マッチぼう（数えぼう）など同じ長さのぼうを12本使って，面積が2〜9までの1つの図形をつくってみてください。ただし，ぼう1本の長さを1とします。また，ぼうを折るなどしてはいけません。

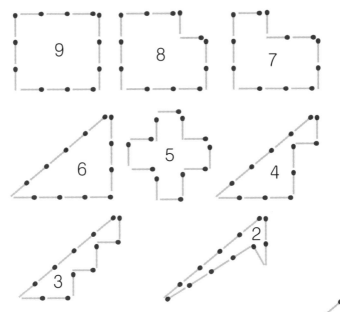

6の面積は,「3,4,5」で直角三角形に
なることを押さえておきます。

また,2の面積は右図を参照してください。

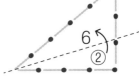

活動の流れ

① まずはノーヒントで行わせます。

② 状況をみて,「6」ができた児童に考えを発表させて,2〜4のヒント
とします。

③ 時間に余裕があれば,いろいろな解答例を紹介させます。

46 長さのわからない長方形の面積

> **めあて**　たての長さも横の長さもわからない長方形の面積を求めよう。

問題

下の図のように３つの長方形があって，辺ＡＢの長さは４㎝，ＢＣの長さは６㎝です。３つの長方形の面積をそれぞれ求めてください。

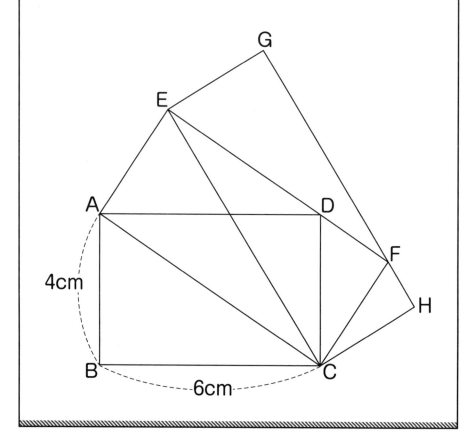

答え・解説

3つの長方形とも面積は24cm²です。

四角形ABCDと四角形EACFで説明します。まず，下の図のように，平行な線DIをかき入れます。

すると，●と●，▲と▲は同じ面積となり，●＋▲の面積は，直角三角形ACDの面積と同じであり，

6×4÷2＝12cm²です。よって，四角形EACFの面積は，

（●＋▲）×2＝12×2＝24cm²です。

同様にして，四角形GECHの面積も24cm²となります。

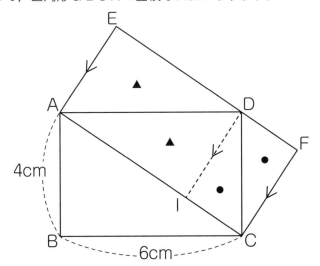

活動の流れ

① まずは，ノーヒントで取り組ませます。

② 状況をみて，平行線DIを引いて考えることを助言します。
四角形GECHは省いて，2つの長方形で考えさせてもかまいません。

47 折り紙で正三角形をつくろう

> **めあて**　折り方を工夫して正三角形をつくろう。

問題

折り紙を折って，正三角形をつくってください。

⌐答え・解説

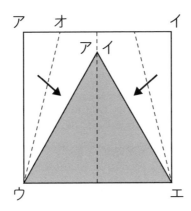

　折り紙に半分の折り目を入れて，その折り目上に正方形の頂点ア，イが来るように左右から折ると，内側にできた三角形ア（イ）ウエは，3辺とも等しい長さであり正三角形になります。

⌐活動の流れ

① 折り紙を配って，まずはノーヒントで取り組ませます。
② 状況をみて，「問題の図がヒントだよ。正三角形はどんな三角形だったかな？」と助言します。
③ できた児童に，全体の前で折り方を説明させます。

⌐アレンジ方法

　上の図の折り目ウオを1辺とする正三角形が，この紙でつくることができる面積最大の正三角形です。「もっと大きな正三角形ができるよ。考えてみてごらん」と勧めてみてはいかがでしょうか。

48 正方形をつなげよう (1)

めあて　合同の考えに気をつけて，いろいろな形をつくろう。

問題

① 下の図のように，同じ大きさの2つの正方形の辺と辺をぴったり合わせて正方形どうしが重ならないでできる図形は，1種類だけです。

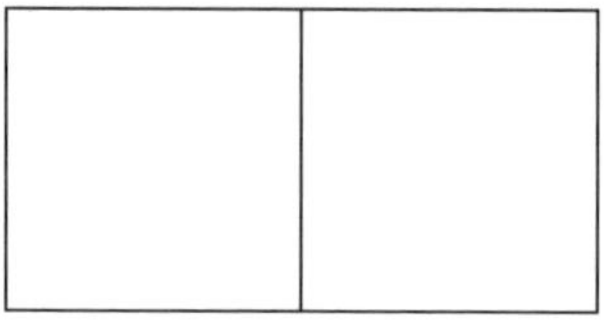

では，同じ大きさの3つの正方形の辺と辺をぴったり合わせて正方形どうしが重ならないでできる図形は，何種類でしょうか。ただし，うら返して同じ形になる図形は1種類と考えます。

② 同じようにして，同じ大きさの4つの正方形の辺と辺をぴったり合わせて正方形どうしが重ならないでできる図形は，何種類でしょうか。

答え・解説

①は2種類，②は5種類です。

①

②

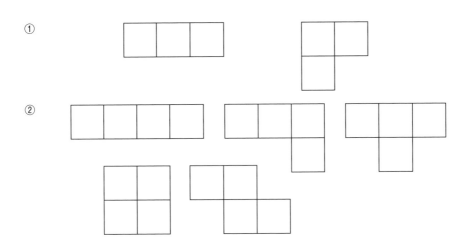

活動の流れ

① 方眼のワークシートを用意して，図形を描かせます。

② できあがった図形を切り取らせて，向きを変えても裏返しても同じ図形
にならないことを確認させます。

アレンジ方法

2つの正方形をつなげた図形をギリシャ語で「ドミノ」，3つつなげた図
形を「トリミノ」，4つつなげた図形を「テトロミノ」と呼ぶことも教えて
あげると，2が『ド』，3が『トリ』，4が『テトロ』という数の呼び方の特
徴にも興味をもたせることができますし，「ドミノゲーム」の名前の由来も
知ることができます。

49 正方形をつなげよう (2)

> **めあて**　合同の考えに気をつけて，いろいろな形をつくろう。

問題

① 「正方形をつなげよう(1)」と同じようにして，同じ大きさの５つの正方形の辺と辺をぴったり合わせて正方形どうしが重ならないでできる図形は，何種類でしょうか。

② ①でできた図形を方眼の工作用紙から切り取って，すき間なくならべて（うら返して使ってもよい），正方形がたて３個×横20個でできている長方形にしてください。

答え・解説

①は12種類，②は次の通りです。

活動の流れ

① 方眼のワークシートを用意して，図形を描かせます。

② できあがった図形を切り取らせて，向きを変えても裏返しても同じ図形にならないことを確認させます。

③ あらかじめ用意した正方形縦3個×横20個のマス目の上に12種類の図形を置いていきます。

アレンジ方法

5つの正方形をつなげた図形を「ペントミノ」と呼ぶことも教えてあげると，前問と同様に数の呼び方の特徴にも興味をもたせることができます。

50 ラングレーの三角形

めあて　　三角形の角の大きさを求めよう。

問題

　右の図の三角形ABCは，ABとAC
の長さが等しい二等辺三角形です。角 x
の大きさを求めてください。

　なお，2つの角の大きさが等しい三角
形は，必ず二等辺三角形です。

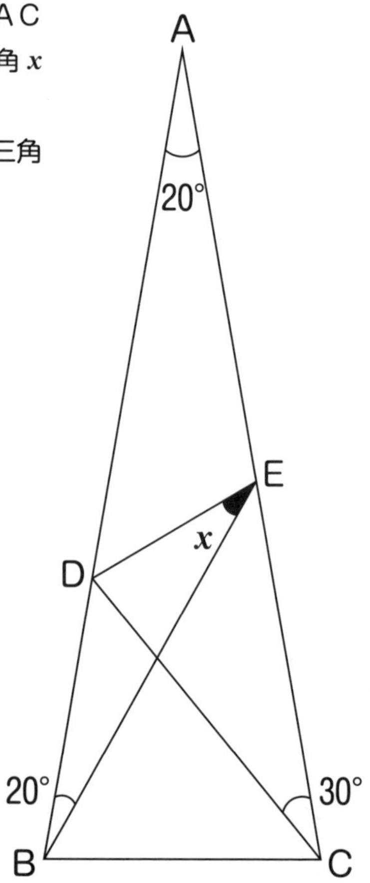

A

20°

E

x

D

20°

30°

B

C

答え・解説

x は30°です

下左図のとおり，∠BDC＝∠BCDより，BD＝BCです。

ここで，BC＝BFとなる点FをAC上にとると，下右図のとおり△BF Eは二等辺三角形であることがわかり，●はすべて等しくなります。

△DEFは二等辺三角形となり，x ＝30°です。

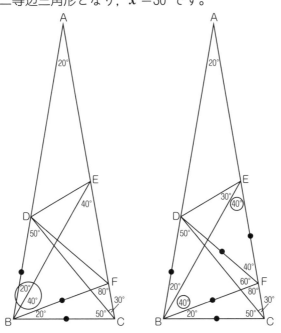

活動の流れ

① まずは，ノーヒントで，取り組ませます。

② 状況をみて，解説にあるBFを引くことを助言します。また，家庭での 学習課題として家族で考えてもよいことにすると，大人が真剣に考えます。

51　数字当てマジック

問題

　数字をみないで当てることは，かなり難しいですよね。

　では，これからあなたがどんな４ケタの数を思いうかべても，ある操作をした後に，あなたがみせなかった１つの数字を当てることができる「数字当てマジック」をお見せします。

　適当な４ケタの数を思いうかべてください。

　その数の数字をでたらめに並びかえて，別の４ケタの数をつくってください。

　最初の数と新たにつくった数を比べて，大きい方の数から小さい方の数をひいてください。

　その答えの数字のうち，０でない数字を１つだけ言わないで，他の数を上から順に教えてください。

　あなたが言わなかった数字は ☐ です！

答え・解説

　教えてもらった数字の和より大きくて最も小さい９の倍数とその数との差が，言わなかった数字です。

　例えば，「1234」を思い浮かべたとして，それを「4321」と並び替えたとします。その差は，4321－1234＝3087
　「8」を隠したとすると，残りの数字として「3，0，7」を教えてくれます。3＋0＋7＝10で，10より大きくて最も小さい９の倍数は18ですから，隠した数は18－10＝8となり，一致します。

$$4321－1234＝（4000＋300＋20＋1）－（1000＋200＋30＋4）$$
$$＝（4000－4）＋（300－30）＋（20－200）＋（1－1000）$$
$$＝4（1000－1）＋3（100－10）＋2（10－100）＋（1－1000）$$
$$＝4×999＋3×90－2×90－999$$
$$＝9×（4×111＋3×10－2×10－111）$$

となり，差は９の倍数となります。ただし，小学生には２ケタの整数で62－26＝36，53－35＝18などが９の倍数となることで説明します。

　９の倍数は，各位の数の和も９の倍数となる性質があるので，0以外の数を隠されても，教えてもらった数字の和より大きくて最も小さい９の倍数とその数との差を求めることで，言わなかった数がわかります。

　どの位を入れ替えても，同様に説明できます。

活動の流れ

①　1人を指名して，問題のとおり数を言わせ，教師が数字を当てます。
②　マジックのタネがわかった児童が出たら，その児童に当てさせます。
③　最後に，児童にマジックのタネを全体で説明させます。

52 お宝そうさく

めあて　グラフ上に点を楽しくかき入れよう。

⌐問題

　　グラフの中に，宝がいくつかかくれています。先生の指示でグループ
に分かれます。順番を決めてグループごとに宝があると思う場所を言っ
てください。一度言われた点は言えません。グループがひととおり言っ
たら，それぞれに得点をあげます。

　　宝がある点を言ったグループは5点もらえます。まだ見つかっていな
かった宝のすぐそばにある点を言ったグループは1つの宝のそばなら1
点，2つなら2点，3つなら3点もらえます。まだ見つかっていなかっ
た宝がすぐそばになかったら0点です。なお，「すぐそばにある点」と
は，宝の上下左右ななめでとなり合っている点ということです。

　　お宝が全部見つかるまでくりかえします。

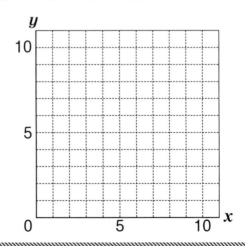

答え・解説

　例えば，下のようにお宝「☺」を置くと，その周りの点は，１点①，２点②，３点③のようになります。

　ただし，すでに見つけた宝の周りについては計算に入れません。

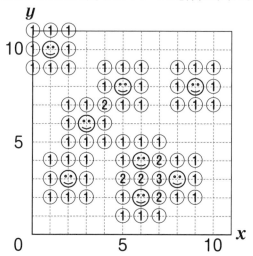

　学級を数グループに分けて，グループ対抗で行います。黒板に大きなグラフ用紙を用意して点を描き込みながら行うと推理しやすくなります。

　点を言わせるときは，「x が●で，y が▲の点」というように言わせます。

活動の流れ

　問題，解説のとおりです。

アレンジ方法

　お宝の数をいろいろ変えて行うことができます。また，グループの中を対戦者Ａ・Ｂ，出題者の３つに分けて行うこともできます。

53 仲間に分けよう

問題

下の数字やアルファベットを対称の考えを使って，グループに分けてください。

12345

67890

ABCDEFG

HIJKLMN

OPQRSTU

VWXYZ

答え・解説

○線対称であり，点対称でもある
1 8 0 (ゼロ) H I L O X
○線対称であり，点対称でない
3 A B C D E K M Q T U V W Y
○点対称であり，線対称でない
2 5 N S Z
○線対称でも点対称でもない
4 6 7 9 F G J P R

線対称，点対称の考えを使って，上記の4グループに分けられます。
あくまでも前ページのフォントを使った場合です。

活動の流れ

① まずはノーヒントで取り組ませます。
② 早くできた児童には，「線対称だと思う数字やアルファベットには対称の軸をかき入れてごらん」と作業を追加します。

アレンジ方法

下のように，線対称や点対称になる漢字フォントを考えさせてもおもしろいと思います。

54 　最短きょりを求めよう

> **めあて**　　対称の考えを使って，見つけよう。

問題

　　草原の中に，太郎と花子がいます。太郎は，A地点から，一度国道の様子をみてから，B地点へ向かいます。花子は，同じようにC地点から，国道をまっすぐ渡って（ななめ横断しません）から，B地点へ向かいます。

　　草原はまっすぐ進むことができるとき，それぞれの最短きょりで行くことができるコースを見つけてください。

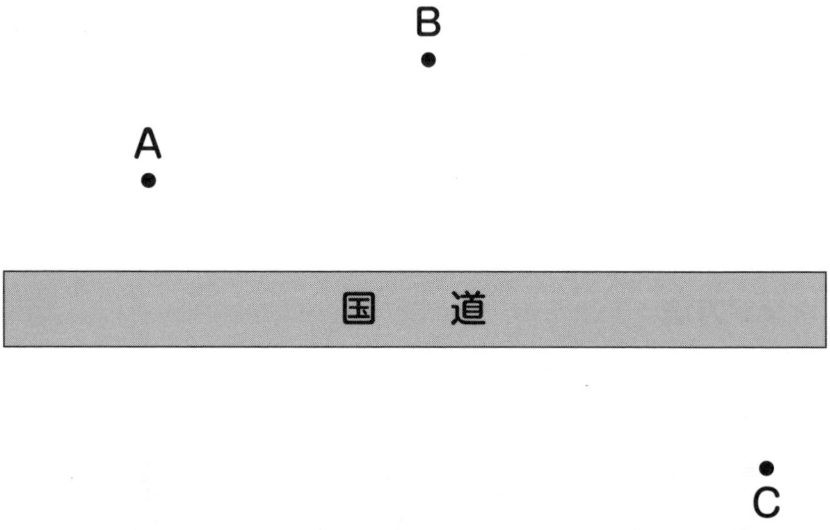

B
●

A
●

国　　道

●
C

答え・解説

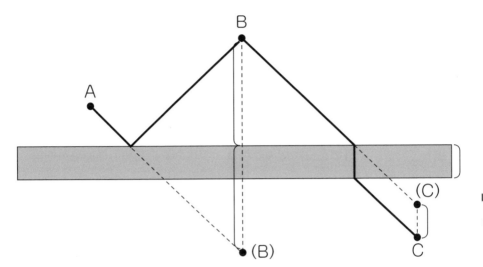

　ＡＢ間の最短コースは，道路の上端について，Ｂと線対称な場所を（B）とし，Ａと（B）を結んだ線分となり，上図の実線部分が，最短距離のコースとなります。

　ＢＣ間の最短距離は，道幅の分だけ，Ｃを上方に移動した場所を（C）とし，Ｃと（C），Ｂと（C）を結んだ線分となり，上図の実線部分が，最短距離のコースとなります。

活動の流れ・アレンジ方法

① 　まずは，一人で考えさせます。
② 　状況をみて，「最短距離になるのは，２点を一直線で結んだときだよね。ＡかＢを動かして，考えてごらん」などとヒントを出します。
③ 　わかった児童に全体の前で発表させます。

6
年

55　面積は何倍？

問題

　図1では，正三角形の中に円が接していて，その円の中に正三角形が接しています。外の正三角形の面積は，中にある正三角形の面積の何倍でしょうか。

　また，図2では，正方形の中に円が接していて，その円の中に正方形が接しています。外の正方形の面積は，中にある正方形の面積の何倍でしょうか。

図1　　　　　　　　　　　　　　　図2

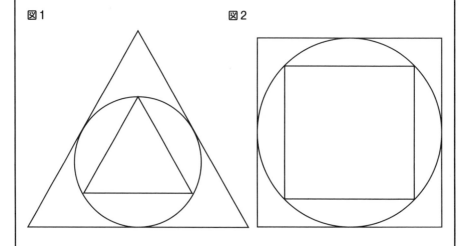

答え・解説

　外の正三角形は中の正三角形の面積の４倍，外の正方形は中の正方形の面積の２倍です。

　下のように，中の図形を回転させるとわかりやすくなります。

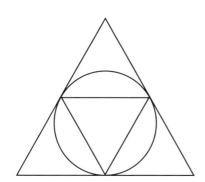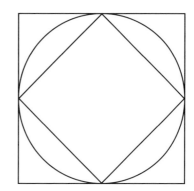

活動の流れ

① 　まずは，一人で考えさせます。
② 　状況をみて，「中の図形を動かすことで，わかるよ」とヒントを出します。
③ 　わかった児童に，全体の前で説明させます。

アレンジ方法

　図１の問題だけ初めに提示して，考えさせた後に，図２の問題を新たに示して考えさせると意欲的に考えると思います。

56 100円玉を回そう

めあて　考えたことを実際に確かめてみよう。

問題

100円玉Aが別の100円玉Bの周りをすべることなく1周するとき，100円玉Aは何回転するでしょうか。

また，100円玉Aが直径が2倍の円Cの周りをすべることなく1周するとき，100円玉Aは何回転するでしょうか。

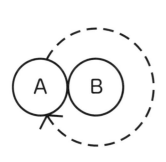

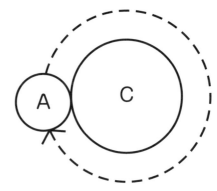

答え・解説

　Aは，Bの周りを2回転，
Cの周りを3回転します。

　右の図で，ア，イ，ウは，
円上の点で，一直線上にある
とします。

　円A，Bは同じ大きさだか
ら，半円アイ＝イウとなり，
点ウの位置に円Aがきたとき
には，点ウとアは一致します。

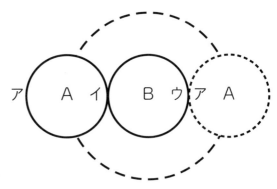

　つまり，図のように円Aは1回転した状態になります。同様に，もう半周
して，円Aがもとの位置に戻ったときには，円Aはもう1回転します。

　したがって，100円玉Aが100円玉Bの周りを1周するとき，円Aは2回転
します。

　100円玉Aが直径2倍の円Cの周りを回るときは，円Cの周りを$\frac{1}{4}$周回
ったときに，円Aは$\frac{3}{4}$回転することになり，$\frac{3}{4} \times 4 = 3$回転します。

活動の流れ

① 　まずは，結果を予想させます。
② 　実際に，硬貨（100円玉など）の周りを動かしてみます。
③ 　理由を考えさせます。

アレンジ方法

　「円Cが円Aの周りを1周するとき」という問題も考えられます。

57　魔方陣をつくろう

> めあて　魔方陣を簡単につくる方法を知ろう。

問題

> 　下の表では，どの横の行に入っている数をたしても，どの縦の列に入っている数をたしても，また，斜めに数をたしても同じ数になります。
> 　このようになっている表のことを「魔方陣」といいます。

2	9	4
7	5	3
6	1	8

> 　魔方陣は，横の行と縦の列の数が奇数のときは，下の方法のとおり数を入れていくと，つくることができます。さあ，横・縦が5マスの魔方陣，7マスの魔方陣をつくってみましょう。
>
> ○最下段の行の中央に「1」を入れる。
> ○基本は，左どなりの列の一行下に次の数を入れていく。
> ・最下段の行の場合は，左どなりの列の最上段の行に次の数を入れる。
> ・左どなりの列がない場合は，右すみの列の一行下に次の数を入れる。
> 　ただし，左すみの列の最下段の行の場合は，一行上に次の数を入れる。
> ・左どなりの列の一行下に別の数がすでに入っていたら，もとの数の列の一行上に次の数を入れる。

答え・解説

9	2	25	18	11
3	21	19	12	10
22	20	13	6	4
16	14	7	5	23
15	8	1	24	17

20	11	2	49	40	31	22
12	3	43	41	32	23	21
4	44	42	33	24	15	13
45	36	34	25	16	14	5
37	35	26	17	8	6	46
29	27	18	9	7	47	38
28	19	10	1	48	39	30

6
年

活動の流れ

① ノーヒントで取り組ませます。

② 5マスができた児童には，できているか検算を行うよう指導します。

③ 7マスもできた児童には，「当然，9マスでもできるよ」「やってみてごらん」と勧めます。

アレンジ方法

偶数マスでも別の方法で魔方陣はできるので，紹介してもよいと思います。

58　もも太ろうのオニ退治

> **めあて**　条件をよく考えて，うまくいく方法を考えよう。

問題

　もも太ろうが，イヌ，サル，キジを連れて，港からオニが島へオニ退治に出かけようと船に乗ります。

　しかし，船は小さくて，イヌ，サル，キジのうち１ぴきしかのせることができません。

　しかも，もも太ろうがいないと，キジはサルをつつきますし，サルはイヌをたたきます。

　さて，どうすれば，オニが島まで，だれもつつかれたり，たたかれたりせずに行くことができるでしょうか。

　ただし，「サルを船に乗せて，イヌは泳いで，キジは空を飛ぶ」なんてのはダメですよ。

答え・解説

① サルを乗せて島へ行き，島でサルを降ろし戻る。

② キジを乗せて島へ行き，島でキジを降ろしサルを乗せて戻る。

③ サルを港に降ろし，イヌを乗せて島へ行き，島でイヌを降ろし戻る。

④ サルを乗せて島へ行き，島でサルを降ろす。

　イヌ，サル，キジの関係を図にすることが大切です。

　上記の関係から，イヌとキジは一緒にいても問題はないので，最初にサル
を連れて行きます。ただし，サルはイヌとキジと一緒にできないので，キジ
を連れてきた時点で港へ戻し，最後にサルを鬼ヶ島へ運びます。

活動の流れ

① まず，一人で考えさせます。

② 状況をみて，答えがわかった児童に全体の前で説明させます。

アレンジ方法

　「川渡りのパズル」として，ネット上に他にもアップされています。類題
として出すことも考えられます。

59　あみだくじをつくろう

> **めあて**　算数の考えで，あみだくじをつくろう。

問題

　下の図にできるだけ少なく横線を入れて，あみだくじを完成させてください。

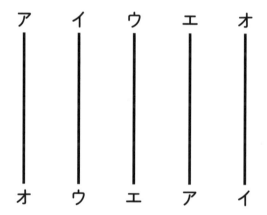

答え・解説

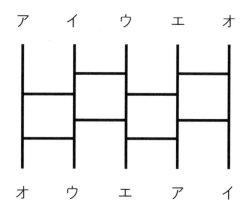

　右の図で2つの直線が交差する
ところ（交点）が，上の図で文字
を入れかえる（横線を引く）とこ
ろになります。

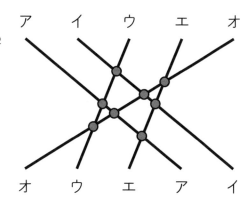

活動の流れ・アレンジ方法

① 　ノーヒントで取り組ませます。

② 　状況をみて，正解を児童に発表させます。

③ 　解説の内容を教師が説明します。

④ 　時間があれば，他の問題を児童に考えさせ，教師の説明のとおりである
　ことを確認させます。

60　予言　運命ゲーム

> めあて　　ゲームのなぞを解き明かそう。

問題

　以下の指令で進むとき，あなたの運命は決まっています。

　なお，進むときは，どちらの方向に進んでもかまいません。

　例えば「4つ進む」ときは「吉→凶→大吉→中吉→大吉」とか「吉→凶→大吉→凶→大吉」などと動いてもかまいません。

　「右へ」と言われたら必ず右へ進みますが，動けなくなったら残った数だけもどってください。あなたの運命を私は知っています。

指令

① 「小吉」に指をおいてください。

② あなたの生まれた月の数だけ進んでください。

③ あなたが「海より山が好き」なら2つ進んでください。

④ あなたの血液型がA型なら4つ進んでください。

⑤ 1つ進んでください。

⑥ もう一度あなたの生まれた月の数だけ進んでください。

⑦ 右へ2つ進んでください。

答え・解説

　あなたは，必ず「大吉」に止まります。

　指令にどう答えようが，
　⑥までで，生まれた月×2＋2（または0）＋4（または0）＋1で，奇数だけ進むことになるので，いる場所は「吉」か「大吉」です。
　最後の⑦で，右に2つ進もうとすると，「吉」にいても「大吉」にいても「大吉」に止まります。

活動の流れ

① 　代表者を1人ずつ前に出して，黒板でゲームを行います。
② 　必ず「大吉」に止まる理由を考えさせます。
③ 　上の解説の内容を教師が説明します。

アレンジ方法

　止まるカードを別の言葉に変えて行うのも楽しいと思います。

【著者紹介】

松浦　敏之（まつうら　としゆき）

1963年，岡山県玉野市に生まれる。岡山大学教育学部を卒業後，岡山市内4校の中学校で数学科教師として勤務。その後，岡山市教育委員会事務局勤務を経て，2016年から岡山市立芳泉小学校長，2019年から岡山市立建部中学校長として勤務。

【参考文献】

・藤村幸三郎著『パズル教室』（文研出版，1970年）
・樺旦純著『図説　数学トリック』（三笠書房，1996年）
・沖田浩著『面白くてやめられない数学パズル』（中経出版，1996年）
・沖田浩著『面白くてやめられない数学パズル　パワーアップ編』（中経出版，1997年）
・木村良夫著『数学パズルで遊ぼう』（日本評論社，1997年）
・上野富美夫編『数学パズル事典』（東京堂出版，2000年）
・芦ヶ原伸之著『超々難問数理パズル』（講談社，2002年）
・北川惠司著『Ｗｈｙ？　数の不思議あそび』（サイエンティスト社，2006年）
・『婦人之友　2012年6月号』（婦人之友社，2012年）
・『数学教育　2018年4月号』（明治図書出版，2018年）
・『数学教育　2019年4月号』（明治図書出版，2019年）

算数科授業サポートBOOKS
みんなでできる！　超盛り上がる！
算数パズル・ゲーム60

2020年2月初版第1刷刊　©著　者	松	浦	敏 之
発行者	藤	原	光 政

発行所　明治図書出版株式会社
http://www.meijitosho.co.jp
（企画）赤木恭平（校正）㈱APERTO
〒114-0023　東京都北区滝野川7-46-1
振替00160-5-151318　電話03(5907)6702
ご注文窓口　電話03(5907)6668

＊検印省略　　　　　組版所　株式会社カシヨ

Printed in Japan　　　　ISBN978-4-18-306021-1
もれなくクーポンがもらえる！読者アンケートはこちらから